Mit dem Auge der Kuh

Fortschreibung „Mit dem Auge der Kuh"

Zur Zeit Jesu gab es drei Schulen

1. Damaskus – Israel (Nachkommen von
   Josef und Asnath)
2. Samaria – Ephraim – Pharisäer

3. Jerusalem – Essener = Juda – Juden

Die Vorstände dieser drei Schulen nannten sich
„Vater".

Der Vater der Schule von Damaskus, in welcher
Jesus studierte, war vermutlich sowohl der leib-
liche als auch der geistige Vater von Jesus.

Der Vater der Essener Schule wurde vermutlich
von Jesus als Teufel bezeichnet, welcher Jesus
versuchte und von welchem Jesus im Johannes
Evangelium sagte: Der Teufel ist euer Vater und
ein Lügner von Anfang.

18.01.2009   Alfred Grenz

Alfred Grenz

Mit dem Auge der Kuh

Aus gegebenem Anlass

© 2012 – Alfred Grenz
2. Auflage
Herstellung und Verlag: Book on Demand GmbH, Norderstedt

Printed in Germany

ISBN 978-3-8334-6939-8

Inhaltsverzeichnis

Vorwort

Matth.5,13 : „Ihr seid das Salz der Erde. Wo nun das Salz dumm wird, womit soll man salzen?„ Dieses ist ja nicht plötzlich geschehen. Hierzu ein Gleichnis: Ein Vater kauft seiner Tochter zwei 10 Wochen alte Lämmer. Darauf muß er sofort seinen Gartenzaun auf 1,25 m erhöhen, weil die Lämmer immerfort über den 0,90 m hohen Zaun sprangen. Eine Weile darnach sah der Vater zufällig am Moorburger Elbdeich eine Schafherde mit vielen ähnlich alten Lämmern und keines sprang über den 0,60 m niedrigen Zaun. Der Schäfer sagte dazu: Meine Familie übt diesen Beruf seit vielen Generationen aus. Und seitdem landen alle Springer in den Topf und dürfen nicht zur Herde zurück. Ähnlich verfährt die Kirchenführung seit 1700 Jahren und auch heute noch mit ihren Gläubigen. Das Ergebnis ist eine brave, gehorsame, schweigende Herde. Wenn sich nun die „Hohe Geistlichkeit" gelegentlich auf die „Schweigende Mehrheit" beruft, so beruft sie sich eigentlich immer wieder nur auf sich selbst. Das Berufen der Kirchenführung auf ihre Gläubigen ist eigentlich nur möglich, weil es den Priestern zwar gelang die Neugier ihrer Schäfchen auf Erkenntnisse aus Theologie, Religion und spezifischer Archäologie weitgehends zu dämpfen, die Eitelkeit von Schafen und Hirten hingegen sich immer wieder als sehr zählebig erweist.

Glauben

In 1.Korinter 13,13 steht geschrieben: Nun aber bleibet Glaube, Hoffnung, Liebe... . Und in 13,7: Die Liebe glaubet Alles. Wenn aber die Liebe erkaltet? Zu den Priestern, die ja meistens im Konsens gefangen sind; zur Kirchenregierung, die knallhart ihre subjektive Wahrheit vertritt und welcher der Heilige Geist kaum jemals begegnet. In China sind vor kurzem ein paar hundert Dissidenten verurteilt worden, und man höre und staune, wegen Aberglaubens. Die Kirche lässt Sonntag für Sonntag ihr Glaubensbekenntnis sprechen, in welchem sie glauben machen will, dass der nette und überaus korrekte römische Beamte Pontius Pilatus schuld am Tot Jesu wäre. Am Karnevalssonntag 2005 las der diensthabende Pastor aus 1.Korinter 13,11: ..da ich aber ein Mann ward, tat ich ab was „kindlich" war. Als der Pastor die Lesung beendet hatte, meldete sich ein ca. 70 jähriger Mann und fragte bescheiden, ob er etwas sagen dürfte. Der Pastor ließ es freundlich zu, es war ja auch am Karnevalssonntag. Der Alte sagte: "Ich bin mir ganz sicher, dass ich vor 55 Jahren im Konfirmandenunterricht gelernt habe: ..tat ich ab was „kindisch" war , denn das ist ja weder das Gleiche noch das Selbe. Der Pastor wiederholte die Stelle, nein in meiner Bibel steht: ..tat ich ab was „kindlich" war. Der alte Mann war nun doch etwas irritiert. Zu Hause kontrollierte er alle Bibeln, welche sich in seinem Hause befanden und siehe da, bei Dreien fand er, ..tat ich ab was „kindisch" war, bei Zweien aber stand geschrieben, tat ich ab was „kindlich" war. Einerseits hatte er nun die Gewissheit, dass er sich recht an seinen Konfirmationsunterricht vor 55 Jahren erinnert hatte, andererseits wusste er aber nun auch, dass geänderte Bibeln massenhaft im Umlauf sind. Nun mag ja mancher denken, was soll denn diese Haarspalterei mit diesen ähnlichen Begriffen? Zugegeben, ja wenn Jesus nicht gesagt hätte, Math. 18,3: „Wahrlich, ich sage euch, es sei denn, dass ihr euch umkehrt, und werdet wie die Kinder, so werdet ihr nicht in das Himmelreich kommen". Ein ähnlicher Spruch: „Kind werden, Kind sein und Kind bleiben", ist auch nicht schlecht. Diese beiden Sprüche sind von allergrößter Wichtigkeit für das Reich Gottes, für das Himmlische Jerusalem. Und wenn man dieses Wort vom Kind oder vom kindlichen Wesen schmälert oder gar entfernt, dann kann die Kirche sich kaum noch christlich nennen. Am 11.02.2002 las der alte Mann zufällig im Hamburger Abendblatt auf Seite 6 unter der Überschrift. Zitat Anfang: Nordelbische Kirche (NEK) auf Sparkurs, unter anderem folgenden Text: Einstimmig beschloss die Synode eine Ergänzung in der Präambel (Vorwort) der Verfassung, in der die NEK sich fortan zu jüdischen Wurzeln des Christentums bekennt. "Die Nordelbische ev.-luth. Kirche bezeugt die bleibende Treue Gottes zu seinem Volk Israel." Weiter heißt es: "Sie ist im Hören auf Gottes Weisung und in der Hoffnung auf die Vollendung der Gottesherrschaft mit dem Volk Israel verbunden." Klargestellt wurde, dass mit dem Volk Israel nicht der Staat Israel, sondern das jüdische Volk benannt wird. Zitat Ende. Daneben waren die Nordelbischen Bischöfe Bärbel Wartenberg-Potter (Lübeck), Hans Christian Knuth (Schleswig) und Maria Jepsen (Hamburg) abgebildet.

Der alte Mann las den Zeitungsartikel, einmal, zweimal, dreimal. Als erstes glaubte er nicht, dass die Christen jüdische Wurzeln haben sollten, zweitens passte ihm die Einstimmigkeit der Synode zu diesem Bekenntnis nicht und drittens sah er in dieser Präambel eine Maßlosigkeit in der Bescheidenheit. Davon hat ja Petrus, in 2.Petr. 1,6 dringend abgeraten. Da der Alte sich für einen Christen protestantischen Glaubens hielt, schrieb er noch am selben Tag ein Protestschreiben. Zitat Anfang: An die Synode der Nordelbischen Evgl. Luth. Kirche, Königstr. 52, in Hamburg: Artikel im Hamburger Abendblatt v.11.02.02, Seite 6, „Nordelbische Kirche auf Sparkurs", Kolumne 2, Zeile 23-25. „NEK sich fortan zu jüdischen Wurzeln des Christentums bekennt": Als Kirchenmitglied (Kreuzkirche Nenndorf – Gemeinde Rosengarten) erhebe ich Einspruch gegen diese Formulierung, denn (Saulus) Paulus ging hinab von Jerusalem gen Jericho und weiter nach Damaskus. Dort fielen ihm die Schuppen von den Augen, d.h. er begriff das Kreuz (die Kreuzigung) Jesu so klar, dass es fortan seine Sache wurde und blieb. Also ich persönlich finde die Wurzeln des Christentums bei Jesus = beim Kreuz =, bei Paulus in Jericho (Benjamin) und Damaskus (1.Mose 48.6: Welche du aber nach Manasse und Ephraim zeugest), den Wegfindern und Hebammen, und in Israel (Ephraim = dem Nordreich.) Weniger finde ich die Wurzeln bei Juda (im Südreich), denn auch die heutigen Juden verspotten das Kreuz und Jesus als Verbrecher und Maria als Hure. Und die Regierung des Staates Israel lässt die Palästinenser, die Kinder Rahels abschießen, wie Hasen. PS: Ich, meine Eltern und Großeltern als fromme Christen, haben nie, auch nicht im Traum daran gedacht, einem Juden ein Haar zu krümmen, das erhoffe ich mir selbstverständlich auch für meine Kinder und Enkelkinder. Hochachtungsvoll. Zitat Ende. Eine Kopie ging an den Pastoren der ev. luth. Kreuzkirche in Nenndorf. Als der Alte nach acht Tagen von der Synode keine Antwort erhalten hatte, sandte er am 19.2.2002 folgendes Schreiben: An den Vorsitzenden der ev. luth. Kirchengemeinde Nenndorf. Zitat Anfang: Sehr geehrter Herr Pastor! Nachdem ich den ersten Schock über die Meldung im Hamburger Abendblatt v. 11.2.2002, Seite 6, über den Beschluß der Nordelbischen Kirchensynode: „Sich fortan zu jüdischen Wurzeln des Christentums zu bekennen", ein wenig überwunden habe, möchte ich Sie höflichst bitten, sich für mich in Hittfeld od. Lüneburg zu erkundigen, ob die Landeskirche Hannover Entsprechendes bereits auch beschlossen oder die Absicht hat, solches beschließen zu lassen. Ich glaube nämlich, dass ich Anspruch darauf habe zu wissen, wozu sich meine Kirche bekennt. Ich bitte Sie daher höflichst, mich darüber nicht lange im Unklaren zu lassen. Mit freundlichem Gruß. Zitat Ende. Am 25.2.2002 erhielt der Alte vom Pastoren folgende Antwort. Zitat Anfang: Ihr Schreiben an mich datiert vom 19.2.2002 und ich hoffe, dass ich noch rechtzeitig reagiere, denn vom 18.-20.2. war ich auf einer Fortbildung und vom 22.-24.2. auf Konfirmanden-Wochenende. Zu Ihrer Bitte: Meines Wissens gibt es in unserer Landeskirche keinen Beschluß zum Verhältnis Christentum-Judentum, der die Verfassung der Landeskirche berührt. Zum anderen unterscheidet der allgemeine und offizielle Sprachgebrauch auch nicht zwischen den ja historisch überholten Bezeichnungen für das jeweils untergegangene Nord-

15

und Südreich Israel bzw. Juda, so dass sämtliche Verlautbarungen kirchlicher Leitungsgremien sich meines Erachtens insofern auf die „jüdischen Wurzeln des Christentums" beziehen, als damit ausgedrückt werden soll, dass die ersten „Christen" in Jerusalem und auch der Völkerapostel Angehörige des auserwählten Volkes waren und in der religiösen Kontinuität des damals praktizierten jüdischen Glaubens standen. Die ersten Christinnen und Christen waren soziologisch gesehen so etwas wie eine Sekte innerhalb des religiösen Judentums. Erst durch den Überschritt in die Welt der „Heiden" konnte das Christentum ökumenische (weltumspannende) Weite gewinnen und auch andere Einflüsse in sich aufnehmen und (mehr oder weniger) miteinander versöhnen. Weder beim Superintendenten in Hitzfeld noch beim Landessuperintendenten in Lüneburg gibt es so etwas wie eine thematische Zusammenstellung zum Thema, aber wenn Sie sich bei Expertinnen und Experten (das bin ich in diesem Fall auch zu wenig) informieren möchten, gebe ich Ihnen hiermit die Namen und Telefonnummern der Beauftragten in der „Arbeitsstelle Christen und Juden" innerhalb des Amtes für Gemeindedienst, Archivstur. 3, 30169 Hannover. Es sind Prof. Dr. Axel Denkecke, 0511/612024 und Dr. Ursula Rudnick, 0511/1241587. Ich denke, diese beiden sind die kompetentesten Köpfe, wenn es um bereits getätigte, als auch eventuell geplante Stellungnahmen von Arbeitsstellen oder kirchenleitenden Gremien in unserer Landeskirche geht. Mit freundlichem Gruß. Zitat Ende. Das war ja sehr ausführlich, freundlich und wohlerzogen. Eine entschiedene Antwort auf seine Frage aber konnte der Alte in dem Schreiben nicht finden. Da er aber nicht mehr daran glaubte, von Pastoren eine entschiedene Antwort zu bekommen, schickte er seine eigene Antwort mit folgenden Wortlaut an den Pastoren. Zitat Anfang: Die Realität heute, heißt Israel. Wenn man aber von den Wurzeln redet, und das hat die Synode der NEK getan, muß man unterscheiden zwischen israelische und jüdische. Es wäre richtig zu sagen: Die Juden und die Christen haben gemeinsame Wurzeln. Falsch dagegen ist zu sagen: Die Christen haben jüdische Wurzeln. Richtig steht es im Koran Sure 2 (die Kuh) Vers 135 und 136 (deutsch V. Murad Wilfried Hofmann,

Heinrich Hugendubel Verlag, München) 135: „Und sie sprechen: „Werdet Juden oder Christen, damit ihr recht geleitet seid." Sprich:" Nein; die Religion Abrahams, der den rechten Glauben bekannte und kein Götzendiener war, ist unsere Religion" 136: Sprecht: "Wir glauben an Allah und an das, was Er zu uns herabsandte und was Er zu Abraham und Ismael und Isaak und Jakob und den Stämmen herabsandte und was Moses und Jesus und was den Propheten von ihrem Herren gegeben wurde. Wir machen keinen Unterschied zwischen einem von ihnen; und wahrlich, wir sind Muslime." Zitat Ende. Damit war der Dialog erst einmal beendet. Jedoch nach 3 bis 4 Wochen, fand in der Ev. Luth. Kirche in Neu Wulmstorf unter dem Motto „Kreuz und quer" ein offener Gesprächsabend statt. In der Pause bildeten sich hier und da kleine Grüppchen, die miteinander redeten, hierbei erzählte der Alte vom NEK-Bekenntnis zu jüdischen Wurzeln und dass sein Pastor ihm gar nicht sagen konnte, ob die Hannoversche Landeskirche solches auch schon beschlossen hat. Da gab sich ein feiner Herr zu erkennen, er sei aus Loccum und dort zuständig für Bibeltext und Bibelarbeit und er kann mir sagen, dass die Hannoversche Landeskirche das Gleiche bereits 2 Jahre vor der Nordelbischen Evangelischen Kirche beschlossen hat. Ja, das war nun rein zufällig, aber klar und entschieden. Also ließ sich der Alte einen Termin geben, um seinem Pastoren dieses sofort mitzuteilen. Und das hätten Sie mal sehen müssen, seine Gesichtszüge entgleisten ihm förmlich, die Kinnlade fiel ihm herunter, er war total sprachlos. Der Alte verabschiedete sich dann auch bald und blieb darnach vielleicht ein viertel Jahr der Kirche fern. Da wurde ihm erzählt: "Der Pastor hat seinen Beruf aufgegeben und wird demnächst eine Lehre als Buchhandelskaufmann anfangen. Jetzt war es der alte Mann, welcher sprachlos war. Er ließ sich wieder einen Termin geben, und fragte sofort: „Herr Pastor, bin ich etwa schuld daran, dass sie Ihren Beruf an den Nagel hängen wollen?" Er darauf: "Aber nein, da machen Sie sich man keine Sorgen, Sie trifft da keine Schuld." Nun, sie wechselten noch ein paar belanglose Worte, der Pastor war auch in Eile. Seinen Glauben an den Gott Abrahams, Isaaks und Jakobs verlor der 70 jährige Mann hierbei nicht, den Pastoren aber glaubte er fortan nicht mehr alles. Die Johannis Kirche in Buchholz hatte zur öffentlichen Wortmeldung und Diskussion für Jedermann eingeladen. Regie führten der örtliche Pastor und der Hauptpastor von St. Jacobi, Dr. Monhaupt. Als der Alte aus Nenndorf den Beschluß zu den Jüdischen Wurzeln dort zur Sprache bringen wollte, wurde ihm das Wort entzogen, noch bevor er seinen Satz beendet hatte. Am 6.1.2006, um 20 Uhr wurde im Hamburger Michel die Evangelische Akademie neu gegründet. Der Theologe Trutz Rendtorff hielt einen Vortrag: „Zukunft des Protestantismus". Man ließ auch kurz ein paar Wortmeldungen zu. Der Alte aus Nenndorf wagte nicht, sich zu Wort zu melden. Aber nach dem offiziellen Teil, in der Krypta beim Stehimbiß und lockeren Smalltalk und der Anwesenheit von mehreren 100 Theologen, hoffte er auf ein Wort zur Pressemeldung: „ Pharisäer wurde man nicht durch Studium, sondern durch Geburt". Er versuchte es bei mehreren Personen, keiner von ihnen war bereit, mit ihm darüber zu reden. Sie zeigten aber alle auf die Bischöfin und sagten: „Dort steht Frau Jepsen die Bischöfin, die können sie ja fragen." Also, der Alte begibt sich zu ihr, nennt höflich seinen Namen und Herkunft und fragt ob er was fragen dürfe? Als die Bischöfin freundlich bejaht, fragt er: „Was sagen Sie zu der Pressemeldung, Pharisäer wird man nicht durch Studium, sondern durch Geburt?" Mit ihrer Freundlichkeit war es schlagartig vorbei, sie stammelte noch: "Ich weiß nichts anderes, als dass man es durch ein Studium wurde." Der Alte erwiderte noch: "Nein, eben nicht". Das war's, sie wandte sich ab. Und der Alte verließ die Veranstaltung.

Nach Gemeinschaft im Geiste Christi hatte er in der ev.luth.. Kirche vergeblich gesucht. So begann für ihn die Abgeschiedenheit. Da aber die Gedanken in ihm nicht zur Ruhe kamen, glaubte er, dass er mit dem Schreiben beginnen müsste, um Ruhe zu finden.

Er stellt sich die Bibel als einen Kräutergarten vor, durch welchen gemächlich eine Kuh weidet. Wie nun das Auge der Kuh die Kräuter im Garten sieht, das wird der Alte versuchen, in nun folgenden Kapiteln niederzuschreiben.

Folgendes aber soll noch gesagt sein: Der Allmächtige, Gnädige und Barmherzige Gott ist kein Mensch, Er kann nicht lügen und ist auch nicht albern; wenn Er sich immer und überall einmischen würde, säße Er beim jüngsten Gericht ganz alleine auf der Anklagebank. Der Holocaust, obwohl eigentlich unglaublich, wird nicht geleugnet. Die Gedenkstätten des Holocaust sollen gepflegt und geehrt werden. Das Grundgesetz der Bundesrepublik wird geachtet. Und die Meinungs- und Pressefreiheit soll erhalten bleiben.

Schauen, Sonne und Mond

Lutherbibel, Preußische Hauptbibelgesellschaft Berlin 1863.1.Mose 1,16: Und Gott machte zwei große Lichter; ein groß Licht, das den Tag regiere, und ein klein Licht, das die Nacht regiere. Erstens: Der Tag, die Macht, El Sol, A-ton und Pharao, den Sonnensohn, den Löwen. Das Morgenland. Zweitens: Die Nacht, die Machtlosigkeit, La Luna, Isis, die Königin der Nacht, die Kuh, das Abendland. - 1.Kor.15,41: Eine andere Klarheit hat die Sonne, eine andere Klarheit hat der Mond. Eine andere subjektive Wahrheit hat der Pharao, eine andere subjektive Wahrheit hat Asnath. - 1.Mose 29,17: Aber Lea hatte ein blödes Gesicht; Rahel war hübsch und schön. Die Bibel, oder dieser Vers, ist ja nicht von Lea persönlich geschrieben. Schauen wir doch einmal einer Löwin ins Gesicht: Die schaut so fromm drein, als ob sie kein Wässerchen trüben könnte. Es soll hier der Lea keinesfalls der Respekt versagt werden: Sie konnte lieben und hassen, von Blödheit keine Spur, sie war voller Lebendigkeit und bevor Rahel dem Jakob auch nur ein Kind gebar, hatte Lea dem Jakob sechs Söhne und eine Tochter geboren. Lea war sich ihrer Würde bewusst, eigentlich fühlte sie sich zu Recht als Nr.1, als Hauptfrau von Jakob.

Rahel brauchte eigentlich nichts tun, um Jakob zu erobern, diese hübschen langen Wimpern und Haare und die wunderschönen großen Augen, ihr schöner Mund, ihre schöne Gestalt, nun ihre ganze Schönheit wirkte dermaßen stark auf Jakob, dass er sich einfach verlieben musste. Und endlich, nach langem Warten gebar sie dem Jakob den Joseph.

Bethlehem

Später: die Sippe war gerade auf dem Wege nach Ephrath, starb Rahel nach der Geburt von

Benjamin an einem Ort, der danach Bethlehem genannt wurde. (In Bethlehem, der Stadt ihrer Urahnin Rahel, wollte Maria unbedingt Jesus zur Welt bringen. Denn nach neuester Qumram-Erkenntnis ist Jesus mitnichten ein Sohn Judas. Und die Volkszählung des Augustus als Grund kann man auch vergessen).

Joseph, Jugendträume

Nicht erst jetzt, aber von nun an um so mehr, übertrug Jakob, – er hatte sich inzwischen den Namen Israel erworben – seine ganze Liebe auf Joseph. 1. Mose 37,3-10: Alle seine Brüder waren ihm Feind. Und dann erzählte er ihnen zwei Träume: ...meine Garbe richtete sich auf; und eure Garben umher neigten sich gegen meine Garbe. Seine Brüder: Solltest du unser König werden? Und sie wurden ihm noch feinder. Er aber konnte den Mund nicht halten und erzählte auch noch seinen anderen Traum: Mich deuchte, die Sonne (El Sol) , und der Mond (La Luna), und elf Sterne neigten sich vor mir. Und da das seinem Vater und seinen Brüdern gesagt ward, strafte ihn sein Vater, und sprach zu ihm: Was ist das für ein Traum, der dir geträumet hat? Sollen ich und deine Mutter und deine Brüder kommen und dich anbeten? Es ist kaum zu glauben, dass Jakob das, von sich aus, so gesagt haben soll? Wenn Luther hier kein Übersetzungsfehler unterlaufen ist, dann könnte Lea den Jakob zu dieser Äußerung veranlasst haben. Aber, wie immer es auch gewesen sein mag: Im ersten Traum kommt Jakob nicht vor, und im zweiten Traum hat Jakob auch nichts zu suchen. Dass sein, besonders von ihm selbst, hochverehrter und geliebter Vater, der Gesegnete, sich vor ihm verneigen könnte, das wäre Joseph selbst im Traum nicht eingekommen. Also, mit Sonne ist Lea gemeint, und mit Mond ist Rahel gemeint, die elf Sterne sind seine zehn Halbbrüder und sein Bruder Benjamin.

Feindliche Brüder

Die Söhne Leas wollten Joseph auf jeden Fall beseitigen. Erst gedachten sie ihn zu erwürgen. Dann warfen sie ihn, auf Anraten von Ruben in eine Grube. Als aber zufällig ein Haufen Ismaeliter auf dem Wege nach Ägypten vorbei kam, verkauften sie Joseph für 20 Silberlinge an die Ismaeliter. Rubens Chance, Joseph dem

Jakob zurückzubringen, als Wiedergutmachung für seine böse Tat an Bilha war dahin. Josephs Bunten Rock aber tunkten sie in Blut und ließen ihn ihrem Vater bringen und sagen: Diesen haben wir gefunden; siehe ob es deines Sohnes Rock sei oder nicht. Jakob erkannte ihn und sprach: Ein reißendes Tier hat mein Lämmchen, den Joseph, zerrissen. Jakob trug Leid um seinen Sohn, das Lämmchen, lange Zeit.

Jakob, isoliert

Es stand schlecht um Jakob. Er hatte nichts mehr zu melden. Rahel war tot, Bilha geschändet, Ruben war auch beschädigt, Joseph weit weg in Ägypten. Und Benjamin, dem kleinen Wolf, blieb nichts anderes übrig, als zu den Löwen zu halten, wenn er am Leben bleiben wollte. Jakob stand da wie ein alter Esel. Die Macht in der Sippe floss mehr und mehr dem Juda zu. Lea hatte es bewirkt auch ohne den Segen Jakobs. Nun, das Leben ging weiter. Die Herden mussten gehütet, Hütten und Gerätschaften gewartet und der Handel mit den Produkten organisiert und getätigt werden. Und was ganz wichtig war: Die Kultur durfte nicht vernachlässigt werden. Und Jakob? Ja, der bedurfte natürlich auch alles weitere, was zum Leben gehörte. Also machte er sich nützlich, so gut er noch konnte.

Joseph bei Potiphar

Ab 1. Mose 39: Joseph war inzwischen, bei seinem ägyptischen Herren Potiphar vom Sklaven zum Hausverwalter aufgestiegen. Da er auch noch gut aussah, träumte die Frau des Potiphar immer nur von Joseph. Eines Tages hielt sie ihn am Kleid fest. Er aber entschlüpfte ihr und lief davon. In ihrer Enttäuschung rief sie mit Josephs Kleid in der Hand um Hilfe: Der hebräische Knecht wollte mich zu Schanden machen. Da nahm ihn sein Herr und legte ihn ins Gefängnis.

Joseph im Gefängnis

In seiner zweijährigen Gefängniszeit, er war dort inzwischen als Kalfaktor eingesetzt, hatte er sich bei seinen Mitgefangenen einen Ruf als Traumdeuter erworben. Nun hatte der Pharao höchstpersönlich zwei Träume und es war niemand da, der sie ihm deuten konnte. Da entsann sich der wieder in sein Amt eingesetzte Mundschenk an seine Gefängniszeit und an den Traumdeuter Joseph.

Joseph deutet Pharaos Träume

Pharao befahl Joseph sofort zu sich und legte ihm seine Träume zur Deutung vor: „Ich sah aus dem Wasser steigen sieben schöne fette Kühe, danach sieben dürre, sehr hässliche und magere, die fraßen die sieben fetten Kühe. Und da sie die hinein gefressen hatten, merkte man es nicht an ihnen, dass sie die gefressen hatten, und waren hässlich, gleichwie vorher." „Und ich sah abermals in meinem Traum sieben Ähren auf einem Halm wachsen, voll und dick. Danach gingen auf sieben dürre Ähren, dünn und versengt. Und die sieben dünnen Ähren verschlangen die sieben dicken Ähren." Joseph antwortete Pharao: "Siehe, sieben reiche Jahre werden kommen in ganz Ägyptenland. Und nach denselben werden sieben Jahre teure Zeit kommen, dass man vergessen wird aller solcher Fülle in Ägyptenland; und die teure Zeit wird das Land verzehren. Nun sehe Pharao nach einem verständigen und weisen Mann, den er über Ägyptenland setze; und schaffe, dass man Amtleute verordne im Lande, und nehme den Fünften in Ägyptenland, in den sieben reichen Jahren, usw."

Joseph der Landesvater

Da sprach Pharao zu Joseph: „Weil dir Gott solches alles hat kund getan, ist keiner so verständig und weise, wie du. Du sollst über mein Haus sein, und deinem Wort soll alles mein Volk gehorsam sein; allein des königlichen Stuhls will ich höher sein als du." Und weiter sprach Pharao zu Joseph: „Siehe, ich habe dich über ganz Ägyptenland gesetzt." Und tat seinen Ring von seiner Hand und gab ihn Joseph an seine Hand, kleidete ihn mit weißer Seide, und hing ihm eine goldene Kette an seinen Hals. Er ließ ihn auf seinen anderen Wagen fahren und ließ vor ihm her ausrufen: „Der ist des Landes Vater." Und setzte ihn über ganz Ägyptenland. Pharao sprach weiter zu Joseph: „Ich bin Pharao; ohne deinen Willen soll niemand seine Hand oder seinen Fuß regen in ganz Ägyptenland." Und nannte ihn den heimlichen Rat.

Heirat von Joseph und Asnath

Und gab dem 30jährigen Joseph Prinzessin Asnath zum Weibe, die Tochter Potipheras, des Priesters zu On. Die Hyksos (die Esel, der Spitzname der Ägypter für alle Hyksos - im Volk Israel das Logo für Isaschar) hatten fasst den gesamten Altägyptischen Adel umgebracht. Asnath aber war am Leben geblieben. Asnath war eine große Verehrerin der barmherzigen Isis. Das Symbol, die Kuh mit der goldenen abnehmenden Mondsichel auf dem Kopf, trug Asnath immerfort in ihrem Herzen. (Dieses Symbol wurde das Logo Ephraims und seiner Nachkommen, den Pharisäern.) Asnath war göttlichen Geblüts und weit mehr als zum Beispiel Kleopatra (mit ein wenig guten Willen könnte man sie auch mit der Astarte (Ischtar Tochter des Mondgottes Sin) vergleichen.

Landesvater Joseph regiert

Joseph aber ließ Getreide aufschütten, über die Maßen viel, wie Sand am Meer, also, dass er aufhörte zu zählen; denn man konnte es nicht zählen. Weiter, 1 Mose 41,50: Und Asnath gebar dem Joseph zween Söhne , (ehe denn die teure Zeit kam,) Und er hieß den ersten Manasse; denn Gott, sprach er, hat mich lassen vergessen all meines Unglücks, und alles meines Vaters Hauses. Den anderen hieß er Ephraim; denn Gott, sprach er, hat mich lassen wachsen in dem Lande meines Elendes. Als nun im ganzen Lande Teuerung war; tat Joseph allenthalben Kornhäuser auf. Und auch Ausländer kamen zu kaufen bei Joseph, denn die Teuerung war groß in allen Ländern.

Jakob schickt Söhne nach Ägypten

Da sprach Jakob zu seinen Söhnen: „Ich höre es sei in Ägypten Getreide feil; ziehet hinab und kaufet uns Getreide, dass wir leben und nicht sterben." Aber Benjamin, Josephs Bruder, ließ Jakob nicht mit seinen Brüdern ziehen; denn er sprach: „Es möchte ihm ein Unfall begegnen." Da nun seine Brüder vor Joseph, dem Regenten von Ägyptenland, kamen, fielen sie vor ihm nieder zur Erde auf ihr Antlitz. Nun, die Geschichte von Joseph und seinen Brüdern ist anrührend, und geht von 1.Mose Kapitel 37 bis Kapitel 50. Nach allem aber, was und wie man in diesen 14 Kapiteln über Pharao lesen kann, scheint es sich dabei um einen Hyksos-Pharao zu handeln. Ein paar Verse aber sollen noch ein wenig betrachtet werden,

Jakob bei Joseph in Ägypten

1.Mose 48 Vers 5: Jakob sprach zu Joseph: „So sollen nun deine zween Söhne, Ephraim und Manasse, die dir geboren sind in Ägyptenland, ehe ich herein gekommen bin zu dir, mein sein (Jakob fragte Joseph gar nicht), gleichwie Ruben und Simeon." Vers 12: Und Joseph (der zweite Mann hinter Pharao) nahm Ephraim und Manasse von Jakobs Schoß, und neigte sich zur Erde gegen das Angesicht von Jakob (Joseph hatte sich auch nie träumen lassen, dass Jakob sich jemals vor ihm verneigen würde). Vers 13-20: Und nach langem hin und her, segnet Jakob, erst den jüngeren Ephraim zum großen Volk (spätere Pharisäer), dann den älteren Manasse zum nicht ganz so großen Volk (spätere Sadduzäer).

Jakob prophezeit Joseph weitere Kinder

Dann sprach Jakob zu Joseph: Vers 6: „Welche du aber nach ihnen zeugest, sollen dein sein, und genannt werden, wie ihre Brüder in ihrem Erbteil." In einer anderen Bibel, 1990 by Naumann und Göbel Verlagsgesellschaft, Köln ISBN 3-625-10504-7 :"sollen dein sein und genannt werden nach dem Namen ihrer Brüder in deren Erbteil." Auf die Anfrage bei der Evangelischen Zentralstelle für Weltanschauungsfragen, Augustusstraße 80, 10117 Berlin, vom 5.8.2000: Frage. Zitat Anfang: „Gibt es von jenen, nach Ephraim und Manasse, von Joseph und Asnath gezeugten Kindern, irgendwo ein Lebenszeichen? Wenn Ja, was wurde aus ihnen?" Zitat Ende - kam am 24.8.2000 folgende Antwort. Zitat Anfang: „Der Name Joseph wird in der Bibel einerseits als Eigenname verwandt, er steht andererseits aber auch für Israel. Die Kinder Josephs sind insofern die „Kinder Israels" bzw. das Volk Israel. Die von Joseph abgeleiteten Stämme sind Ephraim und Manasse. Als seine Nachkommen kann jedoch auch das gesamte Nordreich bezeichnet werden, ja sogar ganz Israel." Gez. Leiter: Dr. theol. Reinhard Hempelmann. Zitat Ende. Nach Ansicht des Alten, beinhaltete diese Antwort zugleich, alles oder nichts. Wollte der Alte also eine klarere Antwort auf diese seine Frage haben, war er gezwungen, eventuell auf eine Eingebung zu warten oder weiter zu suchen.

Hagar mit Sohn Ismael

Nun erst einmal ein wenig zurück zu Abraham und Sarah. 1.Mose 17,17: Abraham war 100 als Sarah 90jährig den Isaak gebar. Bald darauf musste Abraham, auf Sarahs Wunsch, seine ägyptische Frau Hagar und ihren gemeinsamen Sohn Ismael aus dem Haus werfen, weil er ein Spötter wäre und übrigens Gott der gleichen Ansicht wäre. Die Erfahrung lehrt, wenn in der Bibel, Gott ins Spiel gebracht wird, kann man eher faustdicke Lügen vermuten. Auf der Flucht hat Gott den Ismael noch heimlich gesegnet, 1.Mose 21,17-18. Nah, gelobt sei Allah, Gott ist gerecht - er kann nicht lügen.

Keturas Kinder: Simron, Jaksan, Medan, Midian, Jesbak und Suah

1.Mose 25,1-2: Nach dem Tod Sarahs nahm Abraham wieder ein Weib, die hieß Ketura. Die gebar ihm Simron und Jaksan, Medan und Midian, Jesbak und Suah. Und auch diese vermehrten sich tüchtig und wurden große Völker.

Abrahams Tod

1.Mose 25,9: Als Abraham gestorben war, begruben ihn, in Liebe und Eintracht, seine beiden Söhne, Isaak und Ismael, in der zwiefachen Höhle auf dem Acker Ephrons, des Hetiters.

Wiedersehen: Jakob und Esau

1.Mose 33: Jakob hob seine Augen auf und sahe seinen Bruder Esau kommen mit 400 Mann, und er neigete sich sieben mal auf die Erde bis er zu seinem Bruder kam. Esau aber lief ihm entgegen und herzte ihn und fiel ihm um den Hals und küßte ihn; und sie weinten. Sie überschütteten sich gegenseitig mit Höflichkeiten; keine Spur von Hass und Neid. Dann zogen beide Haufen wieder ihres Weges.

Jakob weissagt seinen Söhnen

Von dem kleinen Ausflug in die Vergangenheit zurück nach Ägypten, zu Joseph dem Superminister, seinem alten Vater Jakob und den Söhnen Jakobs, seinen Brüdern. Der Leichnam Leas lag bereits in der Familiengruft in Hebron. Wir erinnern uns, die Sache mit der Machtverteilung in der Sippe, war ja eigentlich bereits in Kanaan durch Lea und Juda geregelt. Nun hatten sich die Machtverhältnisse aber doch enorm zu Joseph hin verschoben. Da aber die Sache mit Lea und Juda, eigentlich nicht ganz legal, und ein offizieller Segen vom Patriarchen auch noch gar nicht stattgefunden hatte; animierte Joseph seinen Vater, dieses in einer offiziellen Feierstunde hier in Ägypten nachzuholen. Es war ihm ja bereits gelungen, seine Söhne Ephraim und Manasse, von seinem Vater heimlich segnen zu lassen und in die Sippe einzugliedern. Nun aber zu 1.Mose 49, der Weissagung Israels des Patriarchen: Und Jakob berief seine Söhne, und sprach: 1. Versammelt euch, dass ich euch verkündige, was euch begegnen wird in künftigen Zeiten. 2. Kommt zu Hauf, und höret zu, ihr Kinder Jakobs, und höret euren

Vater Israel. (Als erstes die fünf Stämme des späteren Südreiches, El Sol zugewandtem Landesteil, das Morgenland, sein Herrschaftssymbol der Löwe, sein Name Judäa.) 3. Rubens, mein erster Sohn, du bist meine Kraft und meine erste Macht, der Oberste im Opfer, der Oberste im Reich. 4. Er fuhr leichtfertig dahin, wie Wasser. Du sollst nicht der Oberste sein; denn du bist auf deines Vaters Lager gestiegen, daselbst hast du mein Bett besudelt mit deinem Aufsteigen. (Ursprünglich ein Mensch, der vielen zu Gefallen sein wollte: Seinem Vater, Joseph und Benjamin, Juda und seiner Mutter. Lea aber missbrauchte seine Hilfsbereitschaft. Nun blieb der Fluch an Rubens hängen.) 5. Die Brüder Simeon und Levi; ihre Schwerter sind mörderische Waffen. 6. Meine Seele komme nicht in ihren Rath und meine Ehre sei nicht in ihrer Kirche; denn in ihrem Zorn haben sie den Mann erwürgt, und in ihrem Muthwillen haben sie den Ochsen (große Teile der Nachkommen Ephraims am Fuße des Berges Horeb) verderbet. 7. Verflucht sei ihr Zorn, dass er so heftig ist und ihr Grimm, dass er so störrig ist. Ich will sie zerteilen in Jakob und zerstreuen in Israel. (Es wird später noch auf sie zurückzukommen sein.) 8. Juda, du bist es, dich werden deine Brüder loben. Deine Hand wird deinen Feinden auf dem Halse sein; vor dir werden deines Vaters Kinder sich neigen. 9. Juda ist ein junger Löwe. Du bist hoch gekommen, mein Sohn, durch große Siege. Er hat niedergekniet und sich gelagert wie ein Löwe und wie eine Löwin; wer will sich wider ihn auflehnen! 10. Es wird das Zepter von Juda nicht entwendet werden (so weit, glaubhaft), (aber ab hier ist vom Messias die Rede, und der stammt nach neuester Erkenntnis von Ephraim ab) noch ein Meister von seinen Füßen, bis dass der Held komme; und demselben werden die Völker anhangen. 11. Er wird sein Füllen an den Weinstock binden, und seiner Eselin Sohn an den edlen Reben (hierzu, fällt dem Auge der Kuh sofort auf, dass alle vier Evangelisten davon berichten: Matth.21.2-7; Marc.11.2-4; Luc.19.30-34; und Joh.12.14-16: Hierbei, so scheint es, wird viermal in verblümter Sprache von der Hochzeit Jesu aus dem Stamme Ephraims mit einer Jungfrau aus dem Stamme Isarschars, einer Eselin halt, berichtet). Er wird sein Kleid in Wein waschen, und seinen Mantel in Weinbeerblut. 12. Seine Augen sind rötlicher, denn Wein, und seine Zähne weißer, denn Milch. (Grundsätzlich aber fällt es leicht zu glauben, dass der Patriarch Israel, den Segen der Mutter Lea, an Juda sanktioniert hat; denn er hatte ja nicht vergessen wie er selbst dereinst zu seinem Segen kam: Der gesegnet ist, soll auch gesegnet bleiben. Da konnte auch das Drängeln des Großvisiers nichts dran ändern.) 27. Benjamin ist ein reißender Wolf; des Morgens (Saulus) wird er Raub fressen, aber des Abends (Paulus) wird er den Raub austeilen. Nun aber zu den sieben Stämmen des späteren Nordreiches, La Luna zugewandtem Landesteil, dem Abendland, sein Herrschaftssymbol die Kuh (Ephraim hatte den Familiennamen seiner Mutter Asnath angenommen, das ist das gleiche wie wenn Prinz Charles von England den Familiennamen seiner Mutter von Windsor trägt), der Name des Nordstaates: Israel (von den Leuten auch Ephraim oder Samaria genannt). 22. Joseph wird wachsen, er wird wachsen wie an einer Quelle. Die Töchter treten einher im Regiment. (Hier ist die geistige Qualität der Töchter Josephs und Asnaths [Die

Wehemütter, (sie waren im Gesellschaftsrang eventuell höher als die heutigen Hausärzte), die Hebammen, die Weisen Frauen und im Mittelalter auch Hexen genannt, konnten mehr als nur Geburtshilfe, sondern auch Schwangerschaftsverhütung und vieles andere mehr – Medizinische Versorgung, gemeint. Wohin das Schicksal sie auch verschlägt, sie werden alsbald ein Wörtchen mitreden in der Regierung.) 23. Und wiewohl ihn die Schützen erzürnen und wider ihn kriegen und ihn verfolgen; 24. So bleibt doch sein Bogen fest und die Arme seiner Hände stark, durch die Hände des Mächtigen in Jakob. Aus ihnen sind gekommen Hirten und Steine in Israel. 25. Von deines Vaters Gott ist dir geholfen, und von dem Allmächtigen bist du gesegnet, mit Segen oben vom Himmel herab, mit Segen von der Tiefe, die unten liegt, mit Segen an Brüsten und Bäuchen. 26. Die Segen deines Vaters gehen stärker, denn die Segen meiner Voreltern, nach Wunsch der Hohen in der Welt; und sollen kommen auf das Haupt Josephs, und auf den Scheitel des Nasir unter seinen Brüdern (Nasir, der zur Enthaltsamkeit fähige Gottgeweihte). 13. Sebulon wird an der Anfurt des Meeres wohnen, und an der Anfurt der Schiffe, und reichen an Sidon. 14. Isaschar wird ein beinerner Esel sein, und sich lagern zwischen die Grenzen. 15. Und er sah an die Ruhe, dass sie gut ist; und das Land, dass es lustig ist, er hat aber seine Schultern geneiget zu tragen, und ist ein zinsbarer Knecht geworden. (Er war ein echter Hykso. Er war treu, hielt fest am Glauben, war äußerst belastbar und nicht ständig beleidigt. Und weil er fleißig und sparsam war, hatte er immer Geld im Beutel. Und keiner seiner Brüder ähnelte so sehr dem Vater Jakob, wie Isaschar.) 16. Dan wird Richter sein in seinem Volk, wie kein ander Geschlecht in Israel. 17. Dan wird eine Schlange werden auf dem Wege, und eine Otter auf dem Steige, und das Pferd in die Fersen beißen, dass sein Reiter zurückfalle. 19. Gad, gerüstet, wird das Heer führen, und wieder herum führen. 20 Von Asser kommt sein fett Brot, und er wird den Königen zu Gefallen tun. 21. Naphtali ist ein schneller Hirsch, und gibt schöne Rede. Der 147 Jahre alte Patriarch Israel war ein erfahrener weiser Mann, und seine zwölf Söhne waren auch nicht mehr jung, und hatten erwachsene Kinder und Enkel. Und so brauchte Israel nicht das Blaue vom Himmel herab segnen, sondern er sah seine Söhne und kannte sie und sprach aus, was er im Glauben schaute.

Jakobs Tod

29, Und Jakob gebot und sprach zu ihnen: Ich werde versammelt zu meinem Volk; begrabet mich bei meinen Vätern in der Höhle auf dem Acker Ebrons, des Hethiters. 30. In der zwiefachen Höhle, die gegen Mamre liegt, im Lande Kanaan, die Abraham kaufte, samt dem Acker, von Ebron, dem Hethiter, zum Erbbegräbnis. 31. Daselbst haben sie Abraham begraben, und Sarah sein Weib. Daselbst haben sie auch Isaak begraben, und Rebekka, sein Weib. Daselbst habe ich auch Lea begraben, 32. In dem Acker und der Höhle, die von den Kindern Heth's gekauft ist. 33. Und da Jakob vollendet hatte die Gebote an seine Kinder, tat er seine Füße zusammen auf's Bette, und verschied.

Die „Waisenknaben"

1.Mose 50,15: Die Brüder von Joseph aber fürchteten sich, da ihr Vater gestorben war, und sprachen: Joseph möchte uns gram sein, und vergelten alle Bosheit, die wir an ihm getan haben. 16. Darum ließen sie ihm sagen: Dein Vater befahl vor seinem Tode, und sprach: 17. Also sollt ihr Joseph sagen: Lieber, vergib deinen Brüdern die Missetat und ihre Sünde, dass sie so übel an dir getan haben. Lieber, so vergib nun die Missetat uns, den Dienern des Gottes deines Vaters. Aber Joseph weinte, da sie solches mit ihm redeten. (Denn daran, dass sie sich vor ihm fürchteten, merkte er mit Schrecken, dass sie ihn immer noch nicht liebten.) 18. Und seine Brüder gingen hin, und fielen vor ihm nieder, und sprachen: Siehe, wir sind deine Knechte. 19. Joseph sprach zu ihnen: Fürchtet euch nicht; denn ich bin unter Gott. 20. Ihr gedachtet es böse mit mir zu machen; aber Gott gedachte es gut zu machen; dass er täte, wie es jetzt am Tage ist, zu erhalten viel Volks. 21. So fürchtet euch nun nicht; ich will euch versorgen und eure Kinder. Und er tröstete sie, und redete freundlich mit ihnen.

Wo sind die weiteren Kinder Asnaths und Josephs geblieben ?

22. Also wohnte Joseph in Ägypten mit seines Vater Hause, (wo ist Asnath, wo sind ihre Töchter und Söhne, welche sie, nach Manasse und Ephraim, ihrem Manne dem Joseph, laut Weissagung von Jakob, doch gebären sollte. Warum werden sie hier, gar nicht erwähnt? Warum wohnte er nicht im Hause von Asnath? Wenn sie sich aber außer Landes begeben mussten, dann ist es am wahrscheinlichsten, dass sie nach Damaskus gingen, (Von hier aus haben sie sich auch im Hethiterland ausgebreitet, danach bei den Griechen – die Eltern von Sokrates und auch von Eros waren Hebamme und Wegfinder - und später mit den Kelten und Goten über ganz Europa. Aber davor auch schon durch die Manichäer bis China und Spanien. Und als Joseph und Maria dem 12jährigen Jesus nichts mehr beibringen konnten, schickten sie ihn nach Damaskus, auf die Universität, zu den Verwandten, den Hebammen und Wegfindern, damals war die Spitzfindigkeit noch etwas Positives. In Damaskus wurde zur Zeit Jesu aramäisch gesprochen.).

Josephs Tod

Und die Lebenszeit Joseph's betrug hundert und zehn Jahre. 23. Und er sah Ephraims Kinder, bis ins dritte Glied. Desselbigen gleichen die Kinder Machirs, Manasses Sohnes, zeugten auch Kinder auf Josephs Schoß. 24. Und Joseph sprach zu seinen Brüdern: Ich sterbe, und Gott wird euch heimsuchen, und aus diesem Lande führen in das Land, das er Abraham, Isaak und Jakob geschworen hat. 25 Darum nahm er einen Eid von den Kindern Israels, und sprach: Wenn euch Gott heimsuchen wird, so führet meine Gebeine von dannen. - Diese Geschichten, geben unverkennbar eine subjektiv jüdische Sicht wieder. In der ägyptischen Zeit herrschte Frieden unter den Kindern Israels. Es ging ihnen gut, und sie konnten sich gut entwickeln.

Der Auszug aus Ägyptenland

Es kam aber der Tag, dass die Kinder Israels aus Ägyptenland auszogen. 2.Mose 12,37: Also zogen aus die Kinder Israel von Raemses gen Suchoth, sechs hundert tausend Mann zu Fuß, ohne die Kinder. Vers 40: Die Zeit aber, die die

Kinder Israel in Ägypten gewohnt haben, sind vier hundert und dreißig Jahre. Ungefähr, 1630 bis 1200 v.Chr Nun schauen wir mal auf 2.Mose 32, der Urtext hierzu ist vermutlich 500 v.Chr. von Zionistischen Priestern in Jerusalem verfasst worden (Spiegel Nr.52, vom 21.12.2002):

Das Goldene Kalb

Da aber das Volk sah, dass Mose verzog von dem Berge zu kommen; sammelte sich's wider Aaron, und sprach zu ihm: Auf, und mache uns Götter, die vor uns her gehen! Denn wir wissen nicht, was diesem Manne Mose widerfahren ist, der uns aus Ägyptenland geführt hat. 2. Aaron sprach zu ihnen: Reißet ab die goldenen Ohrenringe an den Ohren eurer Weiber, eurer Söhne und eurer Töchter; und bringt sie zu mir. 4. Und er nahm sie von ihren Händen, und entwarf mit einem Griffel, und machte ein gegossen Kalb. Und sie sprachen: Das sind deine Götter, Israel, die dich aus Ägyptenland geführt haben. 5. Da das Aaron sah, baute er einen Altar vor ihm, und ließ ausrufen, und sprach: Morgen ist des Herrn Fest. 6. Und sie standen des Morgens früh auf, und opferten Brandopfer, und brachten dazu Dankopfer. Danach setzte sich das Volk, zu essen und zu trinken, und standen auf zu spielen.

Der Putsch Judas gegen Ephraim.

Der Herr aber sprach zu Mose: Gehe, steige hinab; denn dein Volk, das du aus Ägyptenland geführt hast, hat's verderbet. 8. Sie sind schnell von dem Wege getreten, den ich ihnen geboten habe. Sie haben ihnen ein gegossen Kalb gemacht, und haben es angebetet, und ihm geopfert, und gesagt: Das sind deine Götter, Israel, die dich aus Ägyptenland geführt haben. 9. Und der Herr sprach zu Mose: Ich sehe, dass es ein halsstarrig Volk ist. 10. Und nun lass mich, dass mein Zorn über sie ergrimme, und sie auffresse; so will ich dich zum großen Volk machen. 11. Mose aber flehte vor dem Herrn, seinem Gott, und sprach: Ach Herr, warum will dein Zorn ergrimmen über dein Volk, das du mit großer Kraft und starker Hand hast aus Ägyptenland geführt! 12. Warum sollen die Ägypter sagen und sprechen: Er hat sie zu ihrem Unglück ausgeführt, dass er sie erwürge im

Gebirge, und vertilge sie vom Erdboden! Kehre dich von dem Grimm deines Zornes, und sei gnädig über die Bosheit deines Volkes. 13. Gedenke an deine Diener, Abraham, Isaak und Israel, denen du bei dir selbst geschworen und ihnen verheißen hast: Ich will euren Samen mehren, wie die Sterne am Himmel, und alles Land, das ich verheißen habe, will ich euerm Samen geben, und sollen es besitzen ewiglich. 14. Also gereute dem Herrn das Übel, das er drohte seinem Volk zu tun. 15. Mose wandte sich, und stieg vom Berge, und hatte zwo Tafeln des Zeugnisses in der Hand, die waren geschrieben auf beiden Seiten. 16. Und Gott hatte sie selbst gemacht; und selber die Schrift darein gegraben. 17. Da nun Josua hörte des Volkes Geschrei, dass sie jauchzten, sprach er zu Mose: Es ist ein Geschrei im Lager, wie im Streit. 18. Er antwortete: Es ist nicht ein Geschrei gegen einander, derer, die obliegen und unterliegen; sondern ich höre ein Geschrei eines Singtanzes. 19. Als er aber nahe zum Lager kam, und das Kalb und den Reigen sah, ergrimmte er mit Zorn, und warf die Tafeln aus seiner Hand, und zerbrach sie unten am Berge. 20. Und nahm das Kalb, das sie gemacht hatten, und verbrannte es mit Feuer, und zermalmte es zu Pulver, und stäubte es auf's Wasser, und gab es den Kindern Israel zu trinken. 21. Und sprach zu Aaron: Was hat dir das Volk getan, dass du eine so große Sünde über sie gebracht hast? 22. Aaron sprach: Mein Herr lasse seinen Zorn nicht ergrimmen. Du weißt, dass dies Volk böse ist. 23. Sie sprachen zu mir: Mache uns Götter, die vor uns her gehen; denn wir wissen nicht, wie es diesem Manne Mose geht, der uns aus Ägyptenland geführt hat. 24. Ich sprach zu ihnen: Wer hat Gold, der reiße es ab, und gebe es mir. Und ich warf es ins Feuer; daraus ist das Kalb geworden. 25. Da nun Mose sah, dass das Volk los geworden war (denn Aaron hatte sie los gemacht durch ein Geschwätz, damit er sie fein wollte anrichten), 26. trat er in das Tor des Lagers, und sprach: Her zu mir, wer dem Herrn angehöret! Da sammelten sich zu ihm alle Kinder Levi. 27. Und er sprach zu ihnen: So spricht der Herr, der Gott Israels! Gürte ein Jeglicher sein Schwert auf seine Lenden, und durchgehet hin und wieder, von einem Tor zum andern im Lager, und erwürge ein Jeglicher seinen Bruder, Freund und Nächsten. 28. Die

Kinder Levi taten, wie ihnen Mose gesagt hatte; und fiel des Tages vom Volk drei tausend Mann. 29. Da sprach Mose: Füllet heute eure Hände dem Herrn, ein Jeglicher an seinem Sohne und Bruder, daß heute der Segen über euch gegeben werde. 30. Des Morgens aber sprach Mose zum Volk: Ihr habt eine große Sünde getan; nun, ich will hinauf steigen zu dem Herrn, ob ich vielleicht eure Sünde versöhnen möge. 31. Als nun Mose wieder zum Herrn kam sprach er: Ach , das Volk hat eine große Sünde getan, und haben ihnen goldene Götter gemacht. 32. Nun vergib ihnen ihre Sünde. Wo nicht, so tilge mich auch aus deinem Buch, das du geschrieben hast. 33. Der Herr sprach zu Mose: Was? Ich will den aus meinem Buch tilgen, der an mir sündigt. 34. So gehe nun hin, und führe das Volk, dahin ich dir gesagt habe. Siehe, mein Engel soll vor dir her gehen. Ich werde ihre Sünde wohl heimsuchen, wenn meine Zeit kommt heimzusuchen. 35. Also strafte der Herr das Volk, dass sie das Kalb hatten gemacht, welches Aaron gemacht hatte...Ja, das 32.Kapitel aus dem 2.Buch Mose, man könnte glauben, es wäre der Gipfel der Frömmigkeit. 38mal wird darin direkt oder indirekt Gott gebraucht, 47mal das Volk Israel, je 3mal Abraham, Isaak und Jakob, 33mal Moses, 17mal Aaron, 2mal Josua, 3mal Kinder Levi, 6mal Götter, und 14mal Kalb. Und das alles nur, um den feigen Mord an 3000 Edelingen aus dem Stamm Ephraims zu sanktionieren. Und dabei lautet doch das zweite Gebot: Du sollst den Namen des Herrn, deines Gottes, nicht missbrauchen; denn der Herr wird den nicht ungestraft lassen, der seinen Namen missbraucht. Und das fünfte Gebot: Du sollst nicht töten. In Ägypten haben sich auch die fünf Stämme des späteren Südreiches 430 Jahre lang, von Joseph, Ephraim, und den Hebammen und Wegfindern aus dem Stamm Ephraims zu ihrem Wohl regieren lassen. Nach dem Auszug aus Ägypten aber, ergriffen die Morgenländler sofort die Macht. Und um diesem Machtwechsel Nachdruck zu verleihen mussten 3000 Abendländler ihr Leben lassen. Man ließ sich zwar noch von Moses durch die Wüste, und von Josua ins Land, wo Milch und Honig, floss führen. Aber seit der Machtübernahme durch die Sonnenpartei, waren der Vorsitzende und sein Stellvertreter von der Mondpartei in ihrer Macht beschnitten (kastriert wie es auf parteichinesisch, heute so schön heißt). Schon Michelangelo glaubte, dass auch Moses wie Josua, die beiden Wegfinder, Söhne der Asnath waren. Deshalb malte er dem Moses Hörner auf die Stirn. Humor zeigt auch die Äußerung Aarons, Vers 24: Ich warf Gold ins Feuer; daraus ist, ganz von selbst, ohne mein Zutun, das Kalb geworden. Aber, was soll die Hin- und Herrederei? Alle Welt, hatten ihre Logos und Standarten, welche sie vor sich her trugen. Und schließlich ist es den Kindern Israels unter dem Logo der Kuh in Ägypten 430 Jahre gut ergangen und auch der Gott Abrahams, Isaaks und Jakobs ist dabei nicht zu kurz gekommen.

Der Krieg gegen Benjamin

Es folgt ein Blick auf die letzten drei Kapitel 19, 20 und 21 aus dem Buch der Richter. 19.1: Zu der Zeit war kein König in Israel (will sagen, das Land schreit nach Ordnung und einem König). Und ein levitischer Mann war Fremdling an der Seite des Gebirges Ephraim, und hatte sich ein Kebsweib zum Weibe genommen von Bethlehem Juda. 19.2: Sie hatte neben ihm gehuret (die Schreiber möchten sie als sexy, aber sonst als wertlos, erscheinen lassen). Es folgen elf Verse, welche die Güte und Menschlichkeit dieses Leviten hervorheben. 19.14: Und sie zogen fort, und wandelten; und die Sonne ging ihnen unter, hart bei Gibea, die da lieget unter Benjamin. Vers 15: Und sie kehreten daselbst ein, dass sie über Nacht zu Gibea blieben. Da er aber hinein kam, setzte er sich in der Stadt Gasse; denn es war niemand, der sie die Nacht im Hause beherbergen wollte. Vers 16: Und siehe! Da kam ein alter Mann von seiner Arbeit vom Felde am Abend; und er war auch vom Gebirge Ephraim, und ein Fremdling zu Gibea (der gab ihm Herberge für eine Nacht). Aber die Leute des Orts waren Kinder Jemini. Es folgen sieben Verse der Gemütlichkeit. 19.22: Und da ihr Herz nun guter Dinge war, siehe, da kamen die Leute der Stadt, böse Buben, und umgaben das Haus, und pochten an die Tür, und sprachen zu dem alten Manne, dem Hauswirt: Bringe den Mann heraus, der in dein Haus gekommen ist, dass wir ihn erkennen (vielleicht war es ein Missverständnis, und die das Haus umstellten, der städtische Erkennungsdienst). Vers 23: Aber der Mann, der Hauswirt, ging zu ihnen heraus, und sprach zu ihnen: Nicht, meine Brüder, tut nicht so übel! Nachdem dieser Mann in mein Haus gekommen ist, tut nicht eine solche Thorheit. Vers 24: Siehe ich habe eine Tochter, noch eine Jungfrau, und dieser ein Kebsweib; die will ich euch heraus bringen, die mögt ihr zu Schanden machen, und tut mit ihnen, was euch gefällt; aber an diesem Manne tut nicht eine solche Thorheit (Was muß das für ein wichtiger Mann gewesen sein? Vielleicht ein Geheimagent? Daß er ihnen eher seine junge Tochter und das schöne Kebsweib anbot, um diesen „Gottesmann" vor ihnen zu bewaren.) Vers 25: Aber die Leute wollten ihm nicht gehorchen. Da fassete der Mann sein Kebsweib, und brachte sie zu ihnen hinaus. Die erkannten sie, und zerarbeiteten sie die ganze Nacht, bis an den Morgen; und da die Morgenröte anbrach, ließen sie sie gehen. Vers 26:Da kam das Weib hart vor Morgens, und fiel nieder vor der Tür am Hause des Mannes, da ihr Herr innen war, und lag da, bis es Licht ward. Vers 27: Da nun ihr Herr des Morgens aufstand, und die Tür auftat am Hause, und heraus ging, dass er seines Weges zöge; siehe, da lag sein Kebsweib vor der Tür des Hauses, und ihre Hände auf der Schwelle (Das ist eigentlich eine unglaubliche Geschichte. Allein vom Wortlaut her kaum zu glauben. Es wirkt alles so erdacht, so ausgeklügelt.). Vers 28: Er aber sprach zu ihr: Stehe auf, lasst uns ziehen! Aber sie antwortete nicht. Da nahm er sie auf den Esel, machte sich auf, und zog an seinen Ort. Vers 29: Als er nun heim kam, nahm er ein Messer, und fassete sein Kebsweib, und stückte sie, mit Bein und Allem, in zwölf Stücke (fürchterlich, was für ein grausamer Schlächter), und sandte sie in alle Grenzen Israels. Darauf hin soll ein gemeinsamer Rat, der elf übrigen Stämme Israels, die Herausgabe der bösen Buben gefordert haben. Weil aber Benjamin diese Forderung nicht erfüllte, soll es zu einem Krieg Israel gegen Benjamin gekommen sein. In diesem Krieg soll angeblich das vereinigte Israel, unter schweren eignen Verlusten, den gesamten Stamm Benjamin mit Kind und Kegel ausgerottet haben. Außer 600 Kriegern, welche sich durch Flucht in die Wüste retten konnten. Aber, wie schon gesagt, das am ehesten Wahre scheint der Völkermord an Benjamin zu sein. Erinnern wir uns: Benjamin bekam von Josua das zerstörte Jericho zugeteilt. Da es aber, ähnlich wie Magdeburg oder Mailand, von einer fruchtbaren Tiefebene umgeben war, wurde es von Jahr zu Jahr immer reicher. Und das konnten sich, vor allen die Löwen, von den Wölfen nicht bieten lassen. Die Vor- und Nachpropaganda in dem wörtlichen Text von Richter 19-21 allerdings, ist so perfekt, daß man eigentlich nur noch andächtig Amen sagen kann.

König Saul

Und dennoch wurde ausgerechnet Saul der erste König von Israel. Aus diesem, vom gesamten Israel stark dezimierten Stamm Benjamin? Nun, es lässt sich relativ leicht erklären. Einem Löwen ist der Geist der Macht nicht zu nehmen, jedenfalls nicht so lange er lebendig und gesund ist. Aber Ephraim wollte nicht zulassen, dass Juda König über ein vereintes Israel wurde und Juda wiederum das gleiche nicht von Ephraim. Also einigte man sich erst einmal auf den sehr wohl körperlich starken Saul aus Jericho, allerdings mit geschwächtem Stammesvolk als Hintergrund.

Der Große und Weise König Salomo

Die in der Bibel geschriebenen Geschichten von Saul, Jonathan, David, Absalom und Salomo sind in der Welt ja wohlbekannt. Aber es kann möglicherweise, in Wirklichkeit alles auch ganz anders gewesen sein. Denn zu einer Megiddo Ausstellung des Helms-Museums in Hamburg-Harburg vom 25.01.- 02.06.2002 brachte Museumsdirektor Ralf Busch beim Wachholz Verlag Neumünster, unter der ISBN 3 5290 2012 5 ein Buch heraus. Hierin schreibt Prof. Dr. Hermann Michael Niemann, unter der Überschrift. Zitat Anfang: Megiddo in der Bibel: Seite 41, 2.Kolumne, Zeile 32-34: Was irgendwelche erzählenden Inhalte betrifft, sind alle diese Texte sehr inhaltsarm: Schreibtisch-Geographie. Und dann weiter Seite 43, 1. Kolumne, Zeile 7-23: Daneben ist wichtig, dass Hazor und Megiddo zusammen mit Geser die klassischen, bedeutendsten Orte des Nordreiches Israel bilden, Funktional-Orte, die ein Herrscher besitzen muss, der umfassenden Einfluss nördlich von Jerusalem ausüben will. Diese drei Orte muss man als Besitz eines Herrschers nennen, wenn man, wie bei Salomo beabsichtigt, erzählen will, er habe über das gesamte Land bzw. über alle Reiche der näheren und ferneren Umgebung geherrscht (1.Könige 5, 1.4). Es ist jedoch aus archäologischen und kulturhistorischen Gründen sehr zweifelhaft, dass Salomo in Megiddo und Hazor nennenswerte Herrschaft ausgeübt und gebaut hat. Er wird hier rückwirkend aus theologisch erzählerischen Gründen gerühmt- ohne historische Substanz. Und weiter ab Seite 44, 2.Kolumne, Zeile 12, bis Seite 45, 2.Kolumne, Zeile 10: Die Diskrepanz zwischen seltener Erwähnung Megiddos in der Bibel trotz lagebedingter hoher Bedeutung durch Jahrtausende lässt sich erklären: Die Bibel als theologische Traditions-Trägerin hat Namen und Bedeutung Megiddos bewahrt, obwohl die meisten ihrer Texte entstanden und bearbeitet sind in einer Zeit (nach 700 v.Chr. bis ca. 100 v.Chr.) und einem Raum (im Umkreis von Jerusalem sowie u. a. in Kreisen exilierter Judäer), als Megiddo längst nicht mehr zum unmittelbaren gesellschaftspolitischen Umfeld der Verfasser gehörte und der

Ort auch seinem Siedlungsende nahe war. Megiddo eigentlich aus dem aktuellen Intressen- und Erzählungs-Blickwinkel zu verlieren, lag sehr nahe. Freilich genügte andererseits wiederum die biblische Erwähnung in den drei oder vier ältesten Texten und die (historische oder konstruierte) traditionierte Verbindung Megiddos mit solchen Frühzeit- Ereignissen wie der Deboraschlacht (Richter 5) und Frühzeit- Helden wie Salomo, die Erinnerung zu bewahren und die theologisch- ideologische Gestaltung biblischer Personen und Ereignisse zu übertragen. Die Erwähnung Megiddos in der Bibel im (historisch nicht verifizierbaren) Zusammenhang mit Salomo spricht dafür, dass die (historisch-archäologisch verifizierte) Bedeutung Megiddos als Ort den biblischen Schriftstellern bewusst war und blieb, was wiederum darauf schließen lässt, dass der historische Salomo solche Unterstreichung nötig hatte, also in seiner historischen Bedeutung begrenzter gewesen sein dürfte, als heute dargestellt. Das historische, archäologisch erforschte Megiddo wirft ein desillusionierendes Licht auf den biblisch-theologischen Salomo: Wenn Salömo ins 10.Jh. gehört, sind das in diesem Jahrhundert noch rein kanaanäisch- vorisraelitische Megiddo StratumVIA sowie das folgende, relativ bescheidene Megiddo VB im Vergleich zum „ goldenen „ biblischen Salomo-Bild aufschlussreich, da zugleich Jerusalem als die Residenz Salomos im Vergleich zu Megiddo im 10.Jh. noch wieder bescheidener in Dimensionen und Bedeutung war, wenn auch - lagebedingt- nicht bedeutungslos und auch nicht ohne eigene Traditionen. Im selben Buch, unter der Überschrift: Megiddo und Salomo, Seite 47, 1.Kolumne, Zeile 1, bis 2.Kolumne, Zeile 8 schreibt er weiter: Dass Salomo gestorben sei, bestreitet weder irgend ein heute lebender noch ein früherer Theologe oder irgend jemand sonst, der sich mit der Person und den Erzählungen über Salomo beschäftigt hat. Dass Salomo jemals gelebt habe, bezweifeln dagegen durchaus ernstzunehmende Forscher. Historisch- methodisch gesehen haben sie Recht: Es gibt trotz intensivster Forschung und Ausgrabungstätigkeit über mehr als ein volles Jahrhundert in Palästina/Israel und in den umgebenden Ländern des Alten Orients kein einziges Schriftzeugnis, das Salomo erwähnt. Es gibt kein einziges Artefakt, kein ausgegrabenes Bauwerk, das nachweislich auf ihn zurückgeführt werden kann. Sehen wir von der Bibel zunächst ab, gibt es für Salomo keinen historisch verifizierbaren Beleg. Für jeden Historiker heißt das: Da man nicht als existent voraussetzen kann, was erst nachzuweisen ist, hat es Salomo bis zu Erweis des Gegenteils, z. B. Auftauchen einer Inschrift mit seinem Namen, nicht gegeben. Aber wie steht es mit der Bibel, die mehr als ein Dutzend Kapitel lang über Salomo erzählt (2.Samuel 11-12; 1.Könige 1-11; vergl. auch 1.Chronik 29- 2.Chronik 9)? Die Bibel ist keine Geschichtsschreibung, die berichten will, „wie es wirklich war,, (L. von Ranke). Sie ist vielmehr theologische Predigt und Bekenntnisliteratur, in diesem Sinne von höchstem Wert, zweifellos, aber als Basis für historische Rekonstruktion nicht ohne weiteres und nicht allein geeignet, vor allem seinerzeit nicht für Rekonstruktionszwecke und archivarische Dokumentation entworfen. Die Berichte der Bibel über Salomo sind nicht nur von ihrem Genre, ihrem Charakter her nicht zur exakten Geschichtsrekonstruktion geeignet. Ihr Problem besteht weiterhin darin, dass sie mehrere Jahrhunderte nach der vermutlichen Lebenszeit Salomos aufgeschrieben sind - mit den dabei einzukalkulierenden, nicht mehr kontrollierbaren Möglichkeiten einer nachtäglichen Veränderung der Fakten zu Salomos Person, Zeit und Taten. Zitat Ende. - Außerdem ist das „Alte Testament" überwiegend von Juden geschrieben. Und diese subjektive jüd. Wahrheit findet sich auch reichlich im „Neuen Testament", ja selbst im Koran wieder. Das darf man den Juden nicht übel nehmen, denn jedermann denkt und schreibt mehr über seine Großeltern, als über die Großeltern seiner Cousins und Cousinen. Das Bekenntnis der ev. luth. Kirchenführung von Hannover und Nordelbien zu jüdischen Wurzeln aber, macht die ev.luth. Kirche von Hannover und Nordelbien zu Judengenossen und das ist nicht nur geschichtlich falsch, sondern auch sehr gefährlich, denn das diebische und mörderische Verhalten der Juden gegenüber ihren Nachbarn, hat natürlich Hass bei den Nachbarn erzeugt. Und vor diesem Hass meinen die Judengenossen, die Juden schützen zu müssen.

Hebammen und Wegfinder

Bevor wir nun aber ins Neue Testament schauen, sind unbedingt ein paar grundsätzliche Gedanken nötig: Schon in der 2.Ägyptischen Zwischenzeit 1650-1580 v.Chr., kamen etliche Hebammen und Wegfinder (Nachkommen aus der Verbindung Asnaths und Josephs) nach Damaskus. Sie hatten also bis 200 n.Chr. ca. Tausendsiebenhundert Jahre Zeit sich auszubreiten. Und das taten sie auch, über die ganze damals bekannte Welt.

Die Manichäer

Besonders die Manichäer im Osten bis an die Grenze Chinas und im Westen bis nach Spanien. Ab ca. 224 n.Chr. wurden, zwischen den Sassaniden und den Römern, die friedlichen und überaus toleranten Manichäer zerrieben, es war ein Völkermord in Millionen. 303-311 Letzte große Christenverfolgungen. 311 Verbot des Manichäismus und Toleranzedikt für die Christen. Mit anderen Worten, die Christen wurden nur toleriert. wenn sie von der gnostischen Lehre des überaus toleranten Mani abließen. Matth.10.28 und Luk.12.4: Fürchtet euch nicht vor denen, die den Leib töten.

König Konstantin

Oh, wie schlau war doch Konstantin: Hier schon macht er den Versuch, die Seele der Christen, anstatt des Leibes zu töten. 312 nahm er zwar das Kreuz Christi in seine Fahne auf, 324 auf den Konzil von Nicäa, Verurteilung der arianischen Lehre. Das Alles reichte aber dem Sonnenanbeter Konstantin noch nicht: Was jetzt kam, übertraf alles bisher Gewesene. Er ließ das ganze Neue Testament im geheimen umschreiben. Er verlieh Jesus nachträglich Macht, er ernannte Christus zum Sohn der Sonne, einem Pharao gleich. Kaiser Konstantin, machte aus dem christlichen Abendland das „ Christliche" Morgenland. Die Kirche hatte jetzt das Recht. und eigentlich sogar die Pflicht, die christlichen Abendländer (Schimpfwort = Mondanbeter) zu verfolgen und zu töten.

Die Katharer

Und „ die Kirche" machte, weiß Gott, reichlich Gebrauch von ihrem „ Recht". Zwei Beispiele von vielen seien herausgehoben. Erstens, der Kreuzzug gegen die Katharer, Albigenser. Vor der Niedermetzelung dieser friedlichen und überaus toleranten Christen, fragte der Hauptmann den päpstlichen Legaten: Wie sollen wir unterscheiden zwischen Rechtgläubigen und Unrechten? Macht sie alle nieder, Gott wird schon unterscheiden. Was für ein Hohn!

Die Zwickauer Propheten

Zweitens, der „Krieg" der sächsischen Fürsten gegen die Zwickauer Propheten (Spottname), auch Bauernkrieg genannt. Luthers Reformation konnte nur der Anfang sein, glaubten die Zwickauer Brüder. So kam es ganz automatisch zum Runden Tisch, freier Rede, Erwachsentaufe, und die professionellen Sakramenteverkäufer wurden arbeitslos. Bei den Fürsten und auch bei Luther schrillten die Alarmglocken. Die Fürsten befürchteten als nächste arbeitslos zu werden. Und Luther, der eigentlich ein Erzkatholik war, sorgte sich um seine Kirche. Deshalb sandte er sofort seinen geschätzten Kollegen und persönlichen Freund, den Professor Dr. Thomas Münzer als Prediger nach Zwickau. Luther vertraute dem überaus intelligenten und wortgewaltigen Theologen. Der würde die Zwickauer Brüder gewiss auf den rechten Weg zurück führen. Es kam aber genau anders herum, die Zwickauer bekehrten Münzer. Er wurde ihr Bischoff. Nun war's vorbei mit Liebe, Geduld und Toleranz. Die Fürsten ließen aufmarschieren. Die Brüder wurden solange mit kleinen Angriffen gereizt und verängstigt bis sie sich zur Wehr setzten. Dann wurden sie alle nieder gemacht. Münzer gefangen und am 27.5.1525 auf dem Marktplatz enthauptet. Für einen wahren Christen dürfte es eigentlich keine Frage sein, wer die wahren Brüder Christi sind, die Getöteten, oder die welche töteten oder das Töten abnickten (wie Luther).

Die heilige Familie

Nun schauen wir mal ins neue Testament. Zur Zeit Josephs, Marias und Jesu lebten die Kinder Israels unter der Staatsmacht der Römer. Judäa, Samaria, Galiläa und auch Syrien waren Römische Provinzen. Außer Juden und Samariter, gab es mindesten noch die drei Adelsverbände: Essener, Pharisäer und Sadduzäer. Die

Heilige Familie gehörte keiner dieser drei Adelsverbände an. Sie hatte eigene Verbindungen. Die Geburt Jesu sollte auf Wunsch der Eltern zwar demonstrativ in Bethlehem, der Stadt Rahels, stattfinden. Als aber die männlichen Kleinkinder in Todesgefahr durch Herodes waren, flüchteten Joseph und Maria mit Jesus zu den Verwandten nach Ägypten.

Der Student Jesus

Und zum ca. 18 Jahre währenden Studium, vertrauten sie Jesus nicht etwa den Pharisäern oder den Essenern an, sondern schickten ihn zu ihren Verwandten, den Hebammen und Wegfindern nach Damaskus, um dort Medizin, Philosophie, Religionsgeschichte, Theologie, Dramaturgie, Sprachen und eventuell Magie zu studieren.

Jesu Wirken im Heiligen Land

Und als er wieder kam, erst nach Galiläa, dann nach Samaria und ganz zum Schluss auch nach Judäa, war er allen Rabbies weit überlegen. Jesus beschränkte sich nicht allein aufs Predigen, sondern er half den Leuten aus ihren Nöten, machte sie gesund, heilte sie. Und deshalb liefen ihm die Menschen zu in Scharen, so dass er und seine Jünger, von seiner Arbeit gut leben konnten. Ja, die Mehrheit der Leute wollte ihn am liebsten zum König machen. Das ließen sich weder Pharisäer noch Juden gefallen. Sie befragten ihn solange, bis er vor ihnen bekannte, Gottessohn zu sein. Damit hatte er sich, nach ihrem Gesetz des Todes schuldig gemacht. Nun konnte er zu Recht gekreuzigt werden. Anders gesehen hatte er mit dieser Behauptung, Gottessohn zu sein sogar recht, denn er war ja der Kronprinz in der direkten Nachfolge seiner Ahnfrau Asnath. Und die war mindestens eine Nichte des Gottessohnes Pharao.

Führungsanspruch Jesu, Ev.Joh. 8.12-58

Das Finale Grande. Es musste alles bis zum letzten I-Tüpfelchen erfüllt werden. Jesus allein vor den beiden Großen Parteien, den Pharisäern und den Juden. Woher hat er den Mut hergenommen, hier seinen Führungsanspruch einzufordern? Nun, es gibt ja heute Schizophrene, die glauben sie wären Napoleon. Bei Jesus verhielt es sich anders. Mutter Maria glaubte schon seit Verkündigung und Geburt, so felsenfest daran, dass Jesus von Gott dazu bestimmt war, als König die Stämme Israels zu herrlicher Größe zu vereinen. Und das hat sie Jesus, ohne den geringsten Zweifel, Tag für Tag vermittelt. Dann 18 Jahre die Hochschule in Damaskus. Danach noch 3 Jahre auf Wahltournee durch ganz Palästina, wo ihm das Volk stets zujubelte. Wen wundert es da, dass Lukas ihn ein gemästet Kalb nennt. Er war Erfolg gewöhnt, so trat er unbesorgt vor die Versammlung der Ältesten von Pharisäern und Juden. Hier hielt er die Rede seines Lebens, er lief zu großer Form auf, gab noch einmal Alles. Im Ev. Joh.8 Vers 12 gibt er sich als Wegfinder (Nachkomme von Joseph und Asnath) zu erkennen. In Vers 44 beschuldigt er die Juden der Geschichtsfälschung, und nennt ihren Urahn den Löwen (Juda einen Mörder). Aber was war denn das? Weder Pharisäer noch Juden waren beeindruckt. Meine Rede fähet nicht unter euch? Warum kennet ihr denn meine Sprache nicht?, denn ihr könnt ja mein Wort nicht hören. Sie hörten ihm gelangweilt nur mit einem halben

Ohr zu. Er hatte ja noch nicht einmal bei ihnen studiert. War nicht ihr Parteimitglied. Nein, sie wollten sich das nur einmal anhören. Hatten aber längst etwas anderes mit ihm vor, sie wollten das gemästete Kalb dem Schlächter überantworten. Die Pharisäer sprachen: Du zeugest von dir selbst, dein Zeugnis ist nicht wahr. Die Juden sprachen: Sagen wir nicht recht, dass du ein Samariter (Bastard, Mischling) bist und hast den Teufel? Die Veranstaltung endete im verbalen Streit. Dann aber hoben sie Steine auf, dass sie auf ihn würfen. Aber Jesus verbarg sich und ging zum Tempel hinaus, mitten durch sie hinstreichend.

Der Tod Jesu und der Tod Ischariot's

Am Kreuz hing er dann, bis auf die drei Marien (Mutter, Frau und Schwiegermutter), Johannes und Joseph Aremathia, von allen verlassen. Sein Schwager Judas Ischariot (ein Mann aus dem Stamme Isaschar, ein Esel also,) der gewichtigste Mann von seinen Jüngern, hatte mit seinem gesamten Vermögen das Unternehmen Jesu mitfinanziert und außerdem, stets geduldig, die Mühen der Logistik getragen, war so verzweifelt, das er sich das Leben nahm.

Das Gleichnis vom verlorenen Sohn

Die Geschichte von der Ankunft Jesu und der Eselin in Jerusalem, steht in allen vier Evangelien. Das Gleichnis vom verlorenen Sohn, dagegen nur bei Luk.15.11-32. Lukas lässt das Gleichnis ganz selbstlos von Jesus vortragen, es war aber einzig und allein von Lukas erkannt und niedergeschrieben. Dass, dies so ist, wird bei der Deutung des Gleichnisses klar: In Tarsus hatte ein Mensch, aus dem Stammc Benjamins, zween Söhne; Und der jüngste unter ihnen, Saulus war sein Name, sprach zum Vater: Gib mir, Vater, das Teil der Güter, das mir gehöret. Und er teilte ihnen das Gut. Und nicht lange danach sammelte der jüngste Sohn, Saulus, alles zusammen und zog ferne über Land. Gar nicht erst nach Jericho, sondern gleich direkt nach Jerusalem und daselbst brachte er sein Gut um mit Prassen. Da er nun alles das Seine verzehret hatte, ward eine große Teuerung durch dasselbige ganze Land, und er fing an zu darben; Und er ging hin, und hängte sich an einen Bürger desselbigen Landes, der schickte ihn auf seinen Acker, die Säue zu hüten. Saulus wurde gewissermaßen sein Mann fürs Grobe, (Apostelgeschichte 9. 1-2). Und er begehrte seinen Bauch zu füllen mit Trebern (Lob, Ehre und Anerkennung), welche die Säue fraßen; und niemand gab sie ihm. Da schlug er in sich und sprach: Wie viele Tagelöhner hat mein Vater, die Brot die Fülle haben; und ich verderbe im Hunger. (Apg.9. 3-7). Luk.15. 18-22. (Apg.9. 8-18). Luk.15. 23-32. Der älteste Sohn (die Pharisäer, die blaublütige Adelskaste von Ephraim), sprach zum Vater (dem Vorsitzenden des Zentralrates der Nachkommen Josephs und Asnaths, zu Prof. Dr. Lukas, dem heimlichen Rat, dem Präsidenten der Exilregierung, des Nordstaates Israel): Siehe so viele Jahre diene ich dir und habe dein Gebot noch nie übertreten; und du hast mir nie einen Bock gegeben, dass ich mit meinen Freunden fröhlich wäre. Nun aber dieser dein Sohn gekommen ist, der sein Gut mit Huren verschlungen hat, hast du ihm ein gemästet Kalb geschlachtet. (Mit dem gemästet Kalb ist Jesus, vom Stamme Ephraims, gemeint). Da die Familie Jesu, aber eine Mischung aus Ephraim und Isaschar war, nannten die adligen Juden ihn einen Samariter). So geschah die Wiedervereinigung zwischen Israel (Lukas nimmt im Gleichnis die Stellung von Vater Israel, der Exilregierung des Nordstaates Israel ein.) und Benjamin (Paulus, denn aus dem reißenden Wolf, war ja nun ein frommer Schäferhund geworden - erstmal nur symbolisch). Ein Amtsvorgänger von Lukas, sandte Jesus nach Palästina, mit dem Auftrag, entweder es den Juden zu entreißen, und die Herrschaft als König zu übernehmen oder in Jerusalem den Tod zu erleiden. Für die Juden aber war es eine verzweifelte Lage. Sie hatten gewissermaßen nur die Wahl zischen Pest und Cholera. Sie wählten die Kreuzigung Jesu. Dieses Samenkorn war nötig zur Entstehung des Christentums.

El Sol und La Luna im Christentum

Das Christentum hat sich natürlich sofort in alle Richtungen und allen Schattierungen entwickelt. Auch über Nordafrika bis hinüber nach Spanien. Jerusalem, Petrus, die eher jüdisch morgenländische (selig durch den Glauben): der Sonne (El Sol), dem Löwen, der Macht, zu gewandte Richtung. Und Damaskus, Lukas, die eher ägyptisch abendländische (selig durch das Wissen): dem Monde (La Luna), der Kuh, der Anarchie, zu gewandten Richtung. Wenn man die Millionen, durch sogenannte „Ordnungshüter" getöteten „Anarchisten" zählt, kann man die Wenigen durch „Anarchisten" getöteten wirklich vernachlässigen. Die Katharer lasen bei ihren Gottesdiensten immer nur aus dem Johannesevangelium. Und wer auch immer die Offenbarung des Johannes geschrieben haben mag, in seinem Modell des „Himmlischen Jerusalem" glich kein Stein dem anderen. Mit andern Worten: Man hatte keine Probleme damit, jedem seinen persönlichen Glauben zu lassen. Ganz im Gegenteil, bei der Diskussion am Runden Tisch, war es Gott eher möglich, aus der Gemeinschaft heraus, zur Gemeinschaft zu sprechen. Damaskus hatte zur Zeit Jesu bereits eine 1500 Jahre alte Tradition. Es war nämlich die Keimzelle der „Ammenmärchen und Spitzfindigkeiten". Die Kinder, das heißt, die Nachkommen Asnath's und Joseph', hatten sich hierhin vor Dürre und Verfolgung, aus Ägypten, abgesetzt. Von Damaskus aus hatten Teile von ihnen das Hethiterreich unterwandert und ihm in ca. 300 Jahren zu hoher Blühte verholfen. Die Archäologen wundern sich heute noch darüber, dass im Hethiterreich alles so ägyptisch war. Und Paulus? Welcher Couleur gehörte er an? Nun, Paulus war auch ein Wanderer zwischen den Welten. In Tarsus, in der Diaspora, als strenggläubiger Jude erzogen, bei den Gnostikern in Damaskus konvertierte er zum Christen. Zuletzt hat er aber hauptsächlich und wohl auch hauptanteilig, gemeinsam mit Petrus, die Gründung der großen und mächtigen römisch katholischen Kirche bewirkt. Im Schatten dieser mächtigen Kirche aber lebten und entwickelten sich auch die Gnostiker weiter. Sie wurden zwar immerfort hart verfolgt und viele von ihnen getötet. Aber sie waren zäh wie Unkraut, einfach nicht tot zu kriegen. Heute wird seitens der großen Kirchen viel über Ökumene und Einheit geredet. Die christlichen Gemeinschaften gnostischer Prägung aber, glauben fest daran. dass Gott mit einer Glaubensvielfalt besser gedient wird. Getreu nach dem Motto, in meines Vaters Hause sind viele Wohnungen. Und das ist auch gut so! Die christlichen Gnostiker glauben auch nicht, jüdische Wurzeln zu haben. Eigentlich verbindet sie von den Wurzeln her mehr mit dem Islam als mit dem Judentum; denn zahlreiche Christen, z.B. Naher Osten. Balkan, Nordafrika bis Spanien, liefen zu Mohamet (der auch ein Wegfinder war) über. Aber die ev. luth. Bischöfe von Schleswig. Lübeck, Hamburg und Hannover, haben sich vom Paulus zum Saulus zurück verwandelt, sie haben Damaskus und Golgatha den Rücken zugekehrt. Als selbsternannte Judengenossen haben sie ihren Absolutheitsanspruch verprasst. Sie sind mitschuldig daran, dass die Söhne ihrer Schäfchen, sich jetzt die Hände schmutzig machen, als Männer fürs Grobe, für ihre Herren, die Juden. Für diese „Liebesdienste" lassen sich diese unverschämten Bischöfe auch noch fürstlich bezahlen, natürlich von ihren Schäfchen.

Epilog

Das Eine soll man tun und das Andere nicht lassen: Mann soll die Bibel immerfort fleißig auslegen; eine Textänderung der Bibel aber nicht zulassen.

Die Bibel, das heißt, Altes und Neues Testament, sind im Licht der Sonne geschrieben worden.

Es gibt aber einen Schlüssel, durch welchen das Licht des Mondes sichtbar wird.

Dieser Schlüssel heißt: „Ochs und Esel".

Worte zum Wort

Bisher erschienenes Buch

Alfred Grenz

Ochs und Esel
Biographie einer Familie
und Glaubensgemeinschaft

Das Buch geht zurück bis zur Gründung der Drostianer in Pillau/Ostpr., jetzt Baltisk russ., und der Gärtnerer in Trebschen Kr. Züllichau/ Brandenburg, jetzt Tzebiechow, Niederschlesien pol., und beschreibt das Leben von Alfred geb. 1935 in Pillau und Erika geb. 1939 in Trebschen-Ostritz und ihrer Familie über Vertreibung und Flucht bis zum Hinauswurf von Alfred aus der Altonaer Gebetsgemeinschaft, der Nachfolge-Gemeinschaft der Drostianer und Gärtnerer im Februar 1972.

Verlag: Book on Demand GmbH, Norderstedt

ISBN 3-8334-2162-2